AF371159

NOTICE NÉCROLOGIQUE

SUR

Le Docteur Louis WINTREBERT

PROFESSEUR D'HYGIÈNE

ET VICE-DOYEN

DE LA FACULTÉ LIBRE DE MÉDECINE ET DE PHARMACIE DE LILLE ;

Chargé du cours et de la clinique complémentaire des maladies des enfants
au Dispensaire Saint-Raphaël ;
ancien Président de la Société des Sciences médicales de Lille,
ancien membre du Conseil d'hygiène et de salubrité du département du Nord,
et de la Société centrale de médecine du même département ;
Membre de la Société chimique de Paris, de la Société botanique de France, etc.;
Licencié ès-sciences physiques.

1833-1885.

LILLE,

AU BUREAU DU *JOURNAL DES SCIENCES MÉDICALES*,

56, RUE DU PORT.

1886.

LE PROFESSEUR

L. WINTREBERT

NOTICE NÉCROLOGIQUE

SUR

Le Docteur Louis WINTREBERT

PROFESSEUR D'HYGIÈNE

ET VICE-DOYEN

DE LA FACULTÉ LIBRE DE MÉDECINE ET DE PHARMACIE DE LILLE ;

Chargé du cours et de la clinique complémentaire des maladies des enfants
au Dispensaire Saint-Raphaël ;
ancien Président de la Société des Sciences médicales de Lille,
ancien membre du Conseil d'hygiène et de salubrité du département du Nord,
et de la Société centrale de médecine du même département ;
Membre de la Société chimique de Paris, de la Société botanique de France, etc.;
Licencié ès-sciences physiques.

1833-1885.

LILLE,

AU BUREAU DU *JOURNAL DES SCIENCES MÉDICALES*,

56, RUE DU PORT.

1886.

Notre Faculté, nos Sociétés scientifiques, notre *Journal*, notre Administration viennent d'être plongés une fois encore dans le deuil, et dans une véritable consternation par la mort inopinée du docteur Wintrebert, professeur d'hygiène et Vice-Doyen de la Faculté libre de médecine et de pharmacie.

Le malheur, qui nous atteint tous aujourd'hui, après ces coups successifs, semble encore plus pénible. M. Wintrebert, à peine rétabli d'une indisposition passagère, a été subitement frappé par la maladie le 30 novembre. Les soins affectueux et la sollicitude inquiète, dont il fut entouré par sa famille et par ses confrères, ne purent prévenir une catastrophe : le 1ᵉʳ décembre une dernière atteinte du mal vint l'arracher à l'estime de tous ceux qui l'ont connu. La nouvelle de sa mort produisit non-seulement autour de lui, mais même dans toute la ville, une véritable émotion. Ses nombreux amis, ses clients désolés, ses élèves reconnaissants, se sentaient frappés par les événements : ils témoignaient de leur douloureuse sympathie pour la famille et pour l'École si brusquement privées de leur chef. L'émotion était très vive au milieu du concours nombreux et recueilli qui donnait une importance inusitée aux funérailles de cet homme de bien. C'est que notre regretté

confrère personnifiait remarquablement la droiture, le désintéressement, le dévouement, tels qu'ils découlent d'une foi
éclairée et profonde.

Toute sa vie est une preuve de la puissance du travail per-
sonnel, malgré les obstacles accumulés par les circonstances.
Autant il avait éprouvé l'amertume de l'isolement en présence
des difficultés de sa laborieuse jeunesse, autant il mettait de
zèle, d'empressement, de générosité et de sollicitude pour
encourager les jeunes, pour venir en aide aux débutants, pour
prendre sa part dans la création de tout ce qui pouvait
assurer la consolidation et le développement de l'œuvre commune. Il a contribué à la fondation de la *Société des Sciences
médicales*, qui l'élut pour président dès sa 3ᵉ année. Il fut
aussi l'un des fondateurs de notre *Journal*, où il apportait une remarquable intelligence de la presse scientifique et
une confiance chaque jour plus justifiée dans l'avenir. La haute
équité de son administration de la Faculté, le caractère tout
pratique de son enseignement de l'hygiène et de celui de la
pœdiâtrie ne sauraient suffire pour exprimer toute l'importance
de la perte que nous avons faite en la personne de M. Wintrebert. Témoins de sa bienveillance, de sa longanimité, de son
esprit de sacrifice, de sa charité, de son constant désir de la
paix et de la concorde, il nous appartient de proclamer les
sentiments profondément chrétiens de notre regretté collègue.
Tout récemment encore, il en a donné la mesure à l'occasion
de la souscription, à l'église du Vœu-National, pour la chapelle
et la Société des Médecins, St-Luc, St-Côme et St-Damien.

C'était un homme profondément honnête et d'une droiture
incontestée, pénétré des convictions les plus réconfortantes
de la Religion. Sa mémoire restera en bénédiction. Déjà, tous
regardent comme un malheur commun sa perte prématurée.

S. G. Monseigneur Dennel a honoré le fils ainé de notre

regretté collègue d'une lettre, qui devient un titre pour toute cette estimable famille. Un court extrait de cette lettre montrera comment Wintrebert était apprécié par le bon et judicieux prélat, qui occupe si dignement le siège d'Arras, Boulogne et Saint-Omer.

ÉVÊCHÉ D'ARRAS.

—

Arras, le 3 décembre 1885.

Mon cher Paul, ... j'aimais votre père comme un ami ; je l'estimais à cause de la délicatesse de ses sentiments et de la parfaite rectitude de sa vie ; ..... sa religion vraie et sincère, sa parfaite honnèteté, son esprit de sagesse et de prudence lui avaient fait à Lille une situation importante, dont j'étais heureux..... Aussi avais-je proposé à Monseigneur l'Archevèque (de Cambrai), la semaine dernière, de demander pour lui au Saint-Père une décoration pontificale, ce qui très certainement lui serait arrivé dans quelques mois. Dieu l'a récompensé autrement !.....

† DÉSIRÉ-JOSEPH, Ev. d'Arras.

Voici en quels termes *La Vraie France* du 5 décembre
rend compte de ses funérailles :

Hier, dès dix heures et demie, une foule nombreuse se
pressait aux abords de la maison mortuaire. Les amis, les
collègues, les élèves de M. le docteur Wintrebert entraient
tour à tour dans le salon transformé en chapelle ardente et
rendaient un religieux hommage à sa dépouille mortelle. Les
six enfants du défunt étaient là, les yeux fixés sur le lugubre
appareil et le visage pâle, éclairé à la lueur des cierges ; la
pensée de tous les pieux visiteurs se reportait des enfants à
leur mère si éprouvée et que le malheur rend plus respectable
encore. Les frères de M. Wintrebert faisaient aussi la garde
autour de leur aîné et l'Université catholique, cette autre
famille du Vice-Doyen de la Faculté de médecine, était repré-
sentée par son chef vénéré, Mgr Hautcœur, recteur des
Facultés catholiques. La plupart des communautés desservies
par les professeurs de la Faculté libre de médecine, avaient
délégué plusieurs religieuses pour cette triste cérémonie : les
Filles de la Charité en grand nombre, les Dames Augustines
de l'hôpital de la Charité, quelques Sœurs de N.-D. de la
Treille.

A onze heures, après la levée du corps faite par M. le curé
du Sacré-Cœur, tous les étudiants de la Faculté catholique
de Médecine, rangés sous leur bannière, ouvrent le convoi.
Le cercueil, recouvert de la robe du professeur et de plusieurs
couronnes, est soutenu par les porteurs jusqu'à l'église du
Sacré-Cœur ; deux étudiants de la Faculté de médecine pré-
cèdent immédiatement et portent une immense couronne,

tressée de fleurs naturelles , blanches et violettes , que maîtres et élèves ont offerte en témoignage de leur respect , de leur affection et de leurs vifs regrets.

Comment rendre l'émotion qui a gagné l'assistance, lorsqu'on a vu le deuil conduit par les six enfants, que s'étaient distribués Mgr le Recteur, M. le chanoine Hollebecque , Mgr Baunard et M. l'abbé Wintrebert , aumônier à Saint-Omer ? On avait le cœur brisé ; tout le monde regardait en pleurant. La Faculté de médecine, en toges , précédait la famille , et , pour mieux exprimer la douleur commune , les cordons du poële étaient tenus par deux doyens (MM. Didiot et Chautard) et deux professeurs (MM. Arthaud et Charaux) des autres Facultés, également en robes. La suite du cortège se déroulait dans un ordre parfait : les membres du conseil de fabrique de la paroisse, dont M. Wintrebert faisait partie, les professeurs du collège théologique, des Facultés de droit, des lettres et des sciences ; les doyens, les curés, les aumôniers de Lille et de la région ; les religieux de l'ordre de Saint-Dominique , de la Compagnie de Jésus , des Prêtres de Saint-Lazare , des Pères Rédemptoristes , des Pères Camilliens , des Frères de Saint-Jean de Dieu , les Frères des Écoles chrétiennes , beaucoup de fondateurs de l'Université et la longue série des amis que le défunt avait en grand nombre.

Outre les personnalités déjà signalées, nous avons remarqué dans le cortège M. le chanoine Graux, vicaire général d'Arras, M le chanoine Dehaisnes, secrétaire général des Facultés catholiques, MM. les doyens de la Madeleine et de Saint-André , M. le curé de Saint-Michel , MM. les chanoines Quentin et Meesemacker, M. Marin, ancien supérieur de la Société de Saint-Bertin , le P. Braün de la Compagnie de Jésus, le P. Cornu, supérieur du séminaire académique, MM. Henri Bernard, Ph. Vrau, Féron-Vrau, Scalbert, L. Delcourt , G. Théry, Jonglez de Ligne.

Durant le service, l'offrande a été si longue qu'elle n'a pris fin qu'au moment où se terminait la grand'messe. Après l'absoute, le convoi s'est dirigé vers le cimetière du Sud, en prenant par la rue Nationale, la place de Tourcoing et le boulevard Montebello. Presque toute l'assistance accompagnait à pied le char funèbre.

Lorsque les dernières prières eurent été récitées sur la tombe, M. le Docteur Schmitt, au nom de la Faculté catholique de médecine et de pharmacie, a prononcé le discours suivant :

Messieurs,

La main de Dieu semble se plaire à frapper notre chère Faculté ; depuis sa fondation nous avons perdu quatre de nos collègues, tous enlevés dans la plénitude de leurs talents, lorsqu'ils avaient à peine atteint leur maturité. La perte de Wintrebert n'est pas pour nous la moins cruelle ; la mort qui l'a surpris laisse sans chef une famille aimée dont il était l'honneur et le soutien , la Faculté dont il avait la direction depuis quatre ans et qui avait encore le droit de compter sur lui. Je suis chargé du pénible devoir de rendre à notre Vice-Doyen les derniers hommages et de lui dire un dernier adieu.

En retraçant en quelques mots sa carrière si bien remplie, si digne de tous les respects, je vais déposer au pied de sa tombe le plus légitime témoignage d'affection et le plus juste tribut de douloureuse sympathie pour les siens.

Né en juillet 1833 d'une famille profondément chrétienne, Louis Wintrebert était destiné à rester avec ses parents et à les aider dans une modeste exploitation agricole ; mais sa vocation l'appelait ailleurs.

A l'âge de dix-huit ans, il commençait l'étude du latin à la maison paternelle ; deux ans après saisissant une occasion favorable, il pouvait débuter dans l'enseignement et être professeur au collège d'Aire. D'Aire il allait à Marcq, de Marcq à Paris où Mgr Cruice

l'appelait à l'école des Carmes. Partout il consacrait ses heures
de repos à l'étude, à l'obtention des diplômes qui sont nécessaires
pour arriver à une position supérieure; il préparait ainsi son
baccalauréat , puis sa licence ès–sciences physiques.

La carrière un peu aride de l'enseignement ne pouvait suffire au
tempérament de Wintrebert; si par sa ténacité il avait su conquérir
ses diplômes, son esprit de dévouement cherchait une autre voie.
Cette voie lui fut indiquée par son frère plus jeune qui suivait près
de lui à Paris les cours de la Faculté de médecine. Il réalisait ainsi
d'anciens projets que la nécessité l'avait empêché de poursuivre et
donnait satisfaction à des idées de jeunesse rejetées jadis par raison
de nécessité à des temps meilleurs.

Devenu docteur, il atteignait le but de ses aspirations, la médecine
et l'enseignement.

Mgr l'Évêque d'Arras , alors l'abbé Dennel , eut une heureuse
inspiration lorsqu'il l'engagea à venir s'établir à Lille , où il allait
trouver comme amis presque tous ses anciens élèves de Marcq. A
peine arrivé , il se créait une situation indiscutable et il était nommé
professeur-adjoint à l'École de médecine , membre du Conseil central
d'hygiène et de salubrité du département. Mais la pratique et la
science ne suffisaient pas à Wintrebert; il était chrétien et chrétien
pratiquant , aussi sa place était-elle indiquée à la Faculté qui venait
d'être fondée par l'intelligente générosité des catholiques du Nord.

L'Université le demanda et il vint à elle avec toutes ses capacités
et avec tout son dévouement.

Il fut chargé d'abord de la physique : ce fut pour lui un sacrifice ,
car ses études antérieures , ses travaux au Conseil de salubrité
l'avaient désigné pour occuper la chaire plus médicale de l'hygiène;
il l'aborda bientôt au moment où cette science entrait dans sa période
de développement. Ses élèves vous diront tout à l'heure les qualités
qu'il sut déployer dans cet enseignement.

Après un appel à sa science , l'autorité universitaire fit un jour
appel à son dévouement; elle le chargea dans des conditions diffi-
ciles , de l'administration de la Faculté. Pendant quatre années, il fit
tous ses efforts pour la diriger dans la voie du bien et du progrès;
dans ces nouvelles fonctions , il se montra plein de courage , de
désintéressement et d'abnégation.

Dans ses relations quotidiennes avec ses collègues, avec les élèves il était, avant tout, affable, conciliant et il a su mériter leur estime et leur affection. Mais ce qui distinguait Wintrebert c'était sa persévérance, c'était la modestie et le dévouement, c'était surtout l'amour du devoir.

Je ne parlerai pas de ses travaux scientifiques. A un autre moment un collègue plus compétent que moi nous le montrera comme homme de science. Au sein de notre Société des Sciences médicales dont il fut le président, ses communications et son esprit judicieux avaient fait de lui un collaborateur assidu et justement apprécié.

Dans ces fonctions si diverses, Wintrebert ne tenait pas un compte suffisant de ses forces, il se dépensait sans cesse et un jour est venu où il a fléchi, il s'est éteint subitement au milieu des joies de la famille, dans le plein épanouissement de toutes ses facultés. Dans sa vie de labeurs, le médecin meurt souvent sur la brèche ; ainsi a succombé notre collègue. La volonté de Dieu l'a ravi trop tôt à son enseignement, à notre Faculté qui déplorera longtemps sa perte.

Puissent tous nos regrets et les témoignages de sympathies qui se manifestent à ses funérailles apporter quelques consolations à son épouse, à ses enfants qui sauront s'inspirer des nobles exemples de leur père. Puissent-ils apporter quelque adoucissement à la douleur de toute sa famille et de ses nombreux amis !

Avec l'espérance de te retrouver dans un monde meilleur, je te rends, Wintrebert, le suprême hommage au nom de la Faculté catholique de médecine et de pharmacie. Repose en paix, cher collègue et ami. Adieu !

Après M. le Docteur Schmitt, M. Bruyelle, interne à l'hôpital de la Charité, s'est exprimé en ces termes :

Etudiants de la Faculté catholique de médecine, nous venons adresser un dernier adieu à M. le Vice-Doyen et professeur Wintrebert, nous venons déposer sur sa tombe un suprême hommage.

Subitement ravi à notre affection, il est mort sur la brèche.

Comme professeur, qui de nous, élèves plus anciens, ne se rappelle le dévouement qu'il apportait à l'accomplissement de sa tâche ? Qui de nous pourrait oublier le soin jaloux avec lequel il tenait à parfaire notre instruction ? C'était avec joie qu'il nous initiait à l'étude de cette science de l'hygiène qu'il aimait tant. Faisant plus, et laissant là des occupations trop nombreuses, il poussait le zèle jusqu'à se mettre vaillamment à notre tête, et ne s'épargnant ni peine ni fatigues, il nous faisait visiter avec lui les établissements industriels de la région, toujours prêt à répondre aux questions de chacun : tel fut le maître, consciencieux et dévoué.

De même, toujours le Vice-Doyen a été juste et conciliant. La manière d'agir des étudiants était l'objet constant de ses préoccupations. Il voulait de nous une conduite sage, digne de nos familles, digne du grand corps auquel nous appartenons, digne de nous-mêmes. Éclairant les uns de ses avis les plus sages, adressant aux autres des remontrances toujours marquées au coin de l'équité la plus stricte, M. le Vice-Doyen était pour tous un véritable pasteur. Le jeune docteur était sûr de trouver en M. Wintrebert un conseiller éclairé, et le plus grand désir de l'un, comme ses plus grands efforts, était de satisfaire chez l'autre ses plus légitimes aspirations. Il n'est pas jusqu'à nos fêtes d'étudiants, où il ne se montrât un second père, alors qu'il nous accueillait tous avec la même joie et se dépensait tout entier pour notre plaisir.

Hélas ! c'est en pleine vie, c'est en pleine force que Dieu a rappelé à lui notre vénéré maître. C'est en pleine vie qu'il l'a arraché à une famille encore épouvantée du coup dont elle est frappée. Il est mort, comme il avait toujours vécu, en chrétien convaincu, en catholique fervent. Il est mort, et jusqu'à ses derniers moments, il a voulu montrer à un fils aimé, notre camarade d'études, à nous tous, étudiants catholiques, un noble exemple à suivre.

Ces discours prononcés, on a donné l'eau bénite au défunt et la foule s'écoulait silencieuse jusqu'à la porte du cimetière. Là un spectacle des plus attendrissants nous attendait. Les six enfants, échelonnés selon leur âge, et toujours assistés de leurs protecteurs, nous pressaient la main ; leurs yeux pleins de larmes qui ruisselaient, voulaient remercier tous les amis qui les avaient accompagnés de leur deuil, de leurs prières et de toutes leurs tristes pensées. Bien des larmes se sont mêlées à celles de ces jeunes orphelins, bien des cœurs les ont recommandés à la Providence divine qui sait mettre la consolation et l'espérance à côté de l'épreuve ! Chacun de nous se retirait en formant ce vœu, du fond de l'âme :

« Que Dieu vienne en aide à la mère, à la veuve si terriblement frappée ! Que Dieu prenne sous son aile les pauvres enfants ! »

PRINCIPAUX TRAVAUX

DU

Proféssaur L. WINTREBERT.

Des courants continus et de leur action sur l'organisme. Thèse de Paris, 1866.

Suette grave, éruption complexe. (*Bulletin médical du Nord*, n° 9, mai 1867, p. 242).

Pile électro-médicale portative à courant constant. Disposition nouvelle (*Bulletin médical du Nord*, n° 7, juillet 1870).

Ulcérations arsénicales (Communication faite à la *Société de méd. du département du Nord*, séance du 28 février 1873 et *Bulletin médical du Nord*, n° 3, mars 1873).

Hygiène publique. — De la mortalité des enfants du premier âge dans la ville de Lille, de ses causes et des moyens d'y remédier (Mémoire présenté à l'*Acamédie de médecine*, dans la séance du 5 novembre 1878, in *Jonrnal des sciences médicales de Lille*, janvier 1879 (*).

Empoisonnement par la décoction de pavot (Communication faite à la *Société des sciences médicales de Lille*, dans la séance du 8 mars 1879, in *Journal des sciences médicales de Lille*, avril 1879).

(*) L'Académie de médecine a décerné à l'auteur de ce mémoire une médaille de bronze, dans sa séance solennelle de juillet 1879 ; M. Wintrebert a reçu en outre, du Ministère, sur la proposition du Comité consultatif d'hygiène publique de France, une médaille d'argent.

Contribution à l'étude de la stérilité chez la femme (*Journal des sciences médicales de Lille*, janvier 1880 et *Archives de tocologie*, février 1880).

Consultation hygiénique à propos de la construction et de l'ameublement d'une école primaire à Lille (*Journal des sciences médicales de Lille*, mai 1880).

Note clinique à propos du traitement de la coqueluche (*Journal des sciences médicales de Lille*, juin 1880).

Traitement du tœnia, par le tannate de pelletiérine (*Journal des sciences médicales de Lille*, juin 1880).

L'hygiène du vêtement (Conférence faite aux ouvriers des cercles catholiques de Lille, février 1880).

Rapports divers au Conseil central d'hygiène et de salubrité du département du Nord (Sur la proposition du Comité consultatif d'hygiène publique de France, l'auteur a reçu une médaille d'argent pour l'un de ces rapports).

Observation d'accidents causés par les vers intestinaux (*Journal des sciences médicales de Lille*, février 1881).

Est-il toujours opportun de revacciner en temps d'épidémie (*Journal des sciences médicales de Lille*, août 1881).

La scarlatine à Lille. — Notes cliniques sur certaines particularités de cette maladie.

Effets du sulfate d'atropine sur l'accommodation (Communication faite à la *Société des sciences médicales de Lille*, séance du 17 avril 1882 et *Journal des sciences médicales de Lille*, 5 juin 1882).

Présentation d'un enfant complètement guéri d'une arthrite du genou et des os du tarse (Communication faite à la *Société des sciences médicales de Lille*, séance du 10 mai 1882 et *Journal des sciences médicales de Lille*, 5 juillet 1882).

Le tabac. — Revue d'hygiène (*Journal des sciences médicales de Lille*, séance du 20 mars 1884).

La coqueluche. — Revue de pathologie infantile (*Journal des sciences médicales de Lille*, 20 mars 1884).

Le choléra ; ses ravages à Lille en 1832 , 1849 et 1866. — Circonstances qui ont paru favoriser son développement. — Principaux traitements employés. — Déductions prophylactiques (*Journal des sciences médicales de Lille*, 20 juillet 1884.)

Le cuivre. — Revue d'hygiène (*Journal des sciences médicales de Lille*, 20 décembre 1884).

Polype du rectum (*Journal des sciences médicales de Lille*, 5 mars 1885).

La dépopulation de la France. — Revue d'hygiène (*Journal des sciences médicales de Lille*, 20 avril 1885).

Accidents singuliers causés par le plomb (*Journal des sciences médicales de Lille*, 5 juin 1885).

Polype de l'oreille (*Journal des sciences médicales de Lille*, 5 septembre 1885).

Lille Imp. L. Danel.